"Gleb Shulpyakov is one of the brightest of the new poetic generation, and his poetry is definitive evidence . . . Shulpyakov's work, first of all, is based on a slow and microscopic reduction of scale that allows him the opportunity to utilize lyrical metaphor, making us aware of the extraordinarily keen vision of his observations."

—Evgeny Rein

"Shulpyakov is not only the inheritor of a great tradition and anti-tradition of Russian poetry, but also a new internationalist who understands the value of the local, of the immediate. This poet will mark his time. He is one of the handful of poets writing now I would confidently term 'a poet of genius.'"

—John Kinsella

"He is a poet in an era of overproduction, where things overwhelm the world, alienated from meaning and lost in value. Hence the author's maniacal persistence to free the cultural world from a surplus of matter . . . we can see Shulpyakov's desire to be alone with his own essence—as well as with the world—to truly understand the meaning of both."

—Valentina Polukhina

LETTERS TO YAKUB

LETTERS TO YAKUB

GLEB SHULPYAKOV

TRANSLATED FROM THE RUSSIAN BY
CHRISTOPHER MATTISON

CANARIUM BOOKS
ANN ARBOR, IOWA CITY, MARFA

SPONSORED BY
THE UNIVERSITY OF MICHIGAN
CREATIVE WRITING PROGRAM

The editors gratefully acknowledge the University of Michigan
Creative Writing Program for editorial assistance
and generous support.

This translation and layout have been created with the
financial support of the Federal Agency on Press and Mass
Communications as part of the Federal target program
"Culture of Russia (2012—2018)"

ИНСТИТУТ ПЕРЕВОДА

AD VERBUM

ISBN 978-0-9849471-4-0
First Edition

4   «прозрачен как печатный лист»
    "a landscape sheer as a printed"

6   «человек на экране снимает пальто»
    "a man onscreen removes an overcoat"

8   «гуляет синий огонек»
    "a trailing blue light"

10 в деревне
    in the country

12 «в моём углу — бревенчатом, глухом»
    "in my corner — made of logs, muffled"

14 Искусство Поезии
    The Art of Poetry

20 «ворона прыгает с одной»
    "a crow leaps from one"

22 «качается домик»
    "a cottage swaying"

24 «как лыжник, идущий по снегу во тьму»
    "like a skier cutting through snow in the dark"

26 «поэзия растет из ничего»
    "poetry grows from nothing"

28 Джема Аль-фна
    Djemma El-Fna

36 «моя стена молчит внутри»
    "my inner wall keeps silent"

38 «наших мертвецов»
    "our dead's"

40 «тебе, невнятному, — тому»
    "you, nearly inaudible"

42 начало религии
    starting a religion

44 «философия общего дела»
    "the philosophy of common causes"

46 «ревет и грохочет на привязи лодка»
    "a tethered boat groans and rumbles"

48 армянский триптих
    armenian triptych

50 Прадо
    Prado

52 *«у черного моря в медвежьем углу»*
    "in a dead end of the black sea"

54 «Кампо ди Фьори»
    "Campo dei Fiori"

66 *Случай в Стамбуле*
    An Incident in Istanbul

74 *Елка на Манежной*
    Christmas Tree on the Manezh

80   Апрель
       April

86   «во мне живет слепой, угрюмый жук»
       "a grim blind beetle lives in me"

88   пальто
       coat

90   «старых лип густая череда»
       "a thicket of aging lime trees"

92   мой стих
       my poem

94   «что напишет под утро снежком»
       "I've long known how to read"

96   «человек состоит из того, что он ест и пьет»
       "man is made of what he eats and drinks"

98   «где этот птичий гомон, где»
       "where chattering birds, where"

100   Письмо Якубу
       A Letter to Yakub

115   *Translator's Afterword*

LETTERS TO YAKUB

* * *

прозрачен как печатный лист,
замысловат и неказист,
живет пейзаж в моем окне,
но то, что кажется вовне,
давно живет внутри меня —
в саду белеет простыня,
кипит похлебка на огне,
который тоже есть во мне
и тридцать три окна в дому
открыто на меня — во тьму
души, где тот же сад, и в нем
горит, горит сухим огнем
что было на моем веку
(кукушка делает «ку-ку»)
— и вырастает из огня
пейзаж, в котором нет меня

* * *

a landscape sheer as a printed
page fills my window,
intricate and compelling,
but what appears to be outside
has long lived in me —
sheets whiten in the garden,
pottage boils on the fire,
also within me —
thirty-three cottage windows
open to the depths
of my soul, in that garden,
where what's left of my era
burns, burns with a dry flame
(the cuckoo "coo-coos") —
and a landscape grows from
the flame, in which I am not

* * *

человек на экране снимает пальто
и бинты на лице, под которыми то,
что незримо для глаза и разумом не,
и становится частью пейзажа в окне —
я похож на него, я такой же, как он
и моя пустота с миллиона сторон
проницаема той, что не терпит во мне
пустоты — как вода — заполняя во тьме
эти поры и трещины, их сухостой —
и под кожей бежит, и становится мной

* * *

a man onscreen removes an overcoat,
bandages from a face beneath which
nothing, unbelievably, can be seen,
becomes part of the window's landscape —
I resemble him, I am the same
million-sided void permeating
that which cannot endure this void
in me — like water — filling pores
and fissures in the dark, parched —
shifting under skin, becoming me

* * *

гуляет синий огонек
в аллее дачного квартала
— не близок он, и не далек,
горит неярко, вполнакала
как маячок среди стропил
того, кто прошлой ночью эти
на землю сосны опустил
и звезды по небу разметил —
стучит его больной мелок,
летит в небесное корыто,
он это маленький глазок
за дверь, которая закрыта

* * *

a trailing blue light
along a suburban lane
— never that close or far,
burns dimly, warily,
like a beacon in the rafters
who's spent these past nights
lowered onto a bed of pines,
stars dotting the sky, —
his bizarre chalk marks
splintering up to a celestial
washtub — this tiny peephole
in the door remains shut

в деревне

человек остается с самим собой —
постепенно дымок над его трубой
поднимается ровным, густым столбом,
но — перед тем как выйти с пустым ведром,
чтобы элементарно набрать воды,
человек зажигает в деревне свет,
развешивает облака, расставляет лес,
а потом устраивает метель или гром
(в зависимости от времени года) —
в сущности, этот человек с ведром
просто переходит из одного дома в другой —
и остается собой

in the country

a man remains alone —
smoke rising from his pipe,
steadily, evenly, a dense pillar,
but before heading out with an empty pail,
to rudimentarily fetch water,
the man flips on a light in the country,
clouds hang, the forest spreads,
and a blizzard builds or thunder
(depending on the time of year) —
when in reality, this man with a bucket
simply moving from one house to another
remains himself

* * *

в моём углу — бревенчатом, глухом
такая тишина, что слышно крови
толкание по тесным капиллярам
да мерная работа древоточцев —
ни шеи, ни руки не разгибая,
в моем углу я словно гулливер,
то с этой стороны трубы подзорной
смотрю вокруг — то с этой
(меняя мир по прихоти моей)
но слышу только равномерный скрежет
— пройдет еще каких-нибудь полвека,
изъеденный, дырявый — угол мой
обрушится под тяжестью себя
и только *скобы* новый гулливер —
изогнутые временем, стальные
поднимет из травы на свет и скажет
умели строить

* * *

in my corner — made of logs, muffled —
so silent blood can be heard
pulsing through capillaries,
the rhythmic work of wood borers —
necks and arms that never let up,
in my corner I am like Gulliver —
peering around the side with a
spyglass, and then from over here
(shifting worlds on a whim),
yet all I hear is a uniform grinding,
— it will be another half-century,
corroded, leaking — before my corner
collapses under the weight,
and only a new Gulliver's brackets —
bent by time, steel —
will rise from the grass and say to the world:
they were able craftsmen

Искусство Поезии

Я жил в деревне
и ждал друга.
А он не ехал,
он всё не ехал.
Распутица! И я
бродил один.
В жухлой траве
— в тишине, когда
слышно реку
и как летит птица
я не сомневался:
всему вокруг
— облакам и соснам,
валунам и даже
голубым лужам
(не говоря обо мне)
есть причина.
Что мир кем-то
вызван к жизни.
Но как иной отец,
уходя из семьи,
забывает детей
— так этот *кто-то*
забыл про нас.
Не помнит.

The Art of Poetry

I was living in the country
waiting for a friend.
But he didn't come.
He never arrived.
Roads impassable.
So I wandered alone.
Through frayed grass
— in silence, where
the river's heard
and birds flit.
I never doubted that
everything around
— clouds and pines
boulders and even
blue puddles
(not to mention me) —
was the reason.
That the world calls
someone into being.
And how another father,
withdrawn from family
forgets his children
— as this *someone* also
forgot about us.
Does not remember.

Забытыми
они и выглядели.
Дуб, несущий крону
в пустое небо.
Мокрые собаки.
Тропа, ведущая никуда.
Искрящие провода.
Землеройки.
Даже фонарь и тот
по ночам мигал
морзянкой:
точка-тире, тире —
кого-то звал.
Но кроме меня
никто фонаря
не видел.

. . . Ночью
было не до сна.
Я выходил.
Вся в вате, луна
лежала на дне
ящика со звездами —
но разве кто-то
слышал как
они бренчат?

Один в поле, я
смотрел на свой дом.
В темноте мне
казалось, в окне,

They appeared
neglected.
An oak, nonexistent crown
in an empty sky.
Wet dogs.
The trail leads nowhere.
Sparking wires.
Shrews.
Even the lamp
flickers at night.
Morse code:
dot-dash, dash —
someone's calling.
But no one
else saw
the light.

. . . Unable to sleep
that night.
I went out.
The moon lay
swaddled at the base
of a box of stars —
did anyone
else hear how
they rang?

Alone in the field, I
peered back at my house.
In the dark
it looked

кто-то есть
(и разливает чай)
— но кто? Ведь я
был здесь.
. . . Наверное, так
я хотел влезть
в чью-то шкуру.
Но я ошибался
ведь этот *кто-то*
мог и не знать,
что мы существуем.

Оставалось — что?
найти слова и
рассказать всё.
Пусть увидит.
Пусть запомнит.
Кто мы? Что у нас?
— вот удивится!
Как щелкают
эти семечки
— словечки.

like someone was
(pouring tea)
in the window
— But who? I
was here.
. . . Perhaps I
hoped to climb
into someone else's skin.
But I was mistaken,
that *someone*
might not even
know we exist.

So, what's left to do?
find the words
to start retelling.
Let him see.
Let him recall.
Who we are? What's next?
— surprising!
How to crack
these seeds
into words.

* * *

ворона прыгает с одной
тяжелой ветки на другую —
здесь что-то кончилось со мной,
а я живу и в ус не дую,
небытия сухой снежок
еще сдувая вместо пыли
— так по ночам стучит движок,
который вырубить забыли

* * *

a crow leaps from one
heaving branch to another —
something ended with me here,
yet I go on living, not really caring,
the dry snow of nonexistence,
me blowing like dust
— at night, a sputtering engine
they forgot to cut down

* * *

качается домик
на белой воде
бульварного неба —
а, может, нигде
— качается
между бульваров
москва *(давно*
опустели москвы
рукава) — одна
по привычке
дворняга нужду
справляет в ее
позабытом углу
(мелькает как облако
жизнь в голове)
— и дальше бежит
по небесной
москве

a cottage swaying
on the white water
of a dime-store heaven —
or maybe nowhere
— swaying
between moscow's
boulevards (*moscow's*
sleeves emptied
long ago) — a single
mongrel, by force
of habit, must
celebrate in a
forgotten corner
(*yes, an entire life*
flashing like a cloud)
— dashes further
through celestial
moscow

* * *

как лыжник, идущий по снегу во тьму,
держу на уме, что не видно ему —
все дальше уходит по лесу лыжня,
все больше того, что в уме у меня;
сосна, как положено древу, скрипит
в ночи на морозе, который сердит;
и лыжник выходит из леса к реке
(я вижу цветные огни вдалеке)
— спускается вниз, и скрипит языка
большая, как память, ночная река

* * *

like a skier cutting through snow in the dark,
bearing in mind he remains unseen —
moving further down forest trails,
weighing heavier the further he goes;
a pine tree, as it does, creaks
grows angry in the cold night;
the skier emerges from the forest to the river
(*I can see colored lights in the distance*)
— descends, and the evening river of language
creaks, as vast as memory

* * *

поэзия растет из ничего —
возьмем картину, что
висит против окна
— точнее, момент, когда
на стене появляется тень
от дерева, что растет
за окном —

картина неизменна, хотя
нарисованная река
течет — а тени, наоборот,
то видны, то нет
(в зависимости от облаков)
и мало-помалу
наползают на реку

неподвижна одна
стена, но поскольку она
никому не видна,
(с тем, что на ней) — стихи
о движении / покое,
объекте / субъекте,
искусстве и жизни
(не говоря об окне)
так и останутся не-
написанными

* * *

poetry grows from nothing —
like a picture
facing a window,
or rather, the moment
shadows appear on the wall
of trees growing
beyond the window —

the canvas remains untouched,
though the sketched river
flows — and the shadows, in contrast,
appear and fade
(*depending on the clouds*)
float bit by bit
along the river

a wall is a single fixed
thing, but because
no one sees it
(and what's upon it) — a poem
in motion / rest,
object / subject,
art and life
(*not to mention the window*)
remains un-
written

Джема Аль-фна

«Спутник находится в мертвой зоне...
............находится в мертвой зоне...»

Марракеш!
Розовые десны старого города.
Белые спутниковые тарелки
зря сканируют небо —
ни дождя, ни фильма небо им не покажет.
Погасла черная теле-кааба.
И город под вечер идет на площадь.

Головы. Головы.
Головы. Головы. Головы.
Голос на башне хрипит и стонет.
Все на молитву! но голос никто не слышит.
Сотни рук выстукивают барабаны.
Сотни губ вытягивают флейты.
Сотни ртов выкрикивают слова —
и площадь затягивает меня в воронку.

«Что бы вы хотели, мсье?»
слышу возбужденный шепот.
«Qu'est-ce que vous voulez?» —

Я отмахиваюсь:
«Не хочу смотреть гробницы Саадитов».
«Не хочу слушать сказки тысячи и одной ночи».

Djemma El-Fna

"The satellite's in the dead zone . . .
. . . . . . in the dead zone . . ."

Marrakech!
Rose-colored gums of the old city.
White satellite dishes
scan the heavens in vain —
never revealing rain or films.
The black Tele-Kaaba cubes dim.
And toward evening the city shifts to the square.

Heads. Heads.
Heads. Heads. Heads.
A gravelly voice calls from a turret.
Everyone to prayer! But no one hears the voice.
Hundreds of hands beat drums.
Hundreds of lips play flutes.
Hundreds of voices shout —
and the square funnels me in.

"What would you like, messieurs?"
I hear in an excited whisper.
"Qu'est-ce que vous voulez?" —

I wave him away:
"I don't want to see the Saadian Tombs."
"I don't want to hear the Thousand and One Nights."

«Не хочу пробовать печень хамелеона».
«Ни будущее, ни прошлое менять не желаю».

«Так что бы вы хотели, мсье?» —
не унимается тип в полосатой джеллабе.

«Можешь мне вернуть «я»?» — спрашиваю.
«Нет ничего проще, мсье!»
Он покорно опускает веки —
виден лиловый узор, которым они покрыты.
«Идем до квартала двойников.
Тому, кто твой, положишь руки
на темя — так, смотри».
Грязные ладони складываются «лодочкой».
«И все?» — «Все». Улыбаясь, он
обнажает кривые белые резцы.
«Combien? — Сколько?» — «Сколько
Аллах подскажет сердцу».

Широкая, как жизнь, площадь
стекает в адские трещины улиц.
Утроба города урчит и чавкает.
В темноте на прилавках
все сокровища мира. Но где
полосатый балахон?
Еле успеваю за провожатым.

"I don't want to taste chameleon liver."
"In neither future nor past do I wish to trade anything."

"Then what is it you would like, messieurs?" —
the character in the striped jellabe won't give up.

"Can you return me to myself?" — I ask.
"Nothing could be simpler, messieurs!"
He submissively lowers his eyelids —
revealing a pattern sketched in purple.
"We'll go to the city quarter of doubles.
Place your hands on top of your
double's head — like this."
He shows me his filthy palms formed
into a small "boat."
"Is that all?" — "That is all." He smiles,
revealing curved, white incisors.
"Combien? — How much?" — "Allah
will let your heart know the cost."

The square flows like liquid
into the narrow fissures of streets.
The city's belly rumbles, tramples.
Everyone weighed down with worldly
treasures against darkening counters.
But where is that striped balakhon?
I can barely keep up with my guide in the throng.

«Пришли!»
Под коврами, в шерстяном капюшоне
некто уставился в пустой телевизор —
рядом на ступеньке чай, лепешка.
Он подталкивает: «Пора, друг».
Замирая, складываю руки, и —
…………………………………………………
………………………………………………

«Я — продавец мяты, сижу в малиновой феске!»
«Я — погонщик мула, стоптанные штиблеты!»
«Я — мул, таскаю на спине газовые баллоны!»
«Я — жестянщик, в моих котлах лучший кускус мира!»
«Я — кускус, меня можно есть одними губами!»
«Я — ткач, мои джеллабы легче воздуха!»
«Я — воздух, пахну хлебом и мокрой глиной!»

Теперь, когда меня бросили посреди медины, я с ужасом понял,
что я — это они: продавцы и погонщики, зазывалы и нищие,
ремесленники и бродяги; что я смотрю на мир их черными
глазами; вдыхаю дым кифа их гнилыми ртами; пробую
мятный чай их шершавыми губами; сдираю шкуру с барана их
заскорузлыми руками; что мне передалась тупая поступь старого
мула; то, как зудит лишай на бездомной кошке. Я хотел найти
себя, но стал всеми! всеми! стою — и не могу сойти с камня.
………………………………………………

В этот момент вспыхивают экраны
— спутник вышел из мертвой зоны!
и город отворачивается к телевизору.
А я застыл посреди базара

"This way!"
Someone in a woolen hood beneath some rugs
stares at a blank television screen —
tea is set near the steps, a small flat cake.
He nudges me: "It is time, my friend."
Frozen in fear, folding my hands, and —
. . . .
. . . .

"I am a purveyor of mint sitting in a raspberry fez!"
"I am a drover of mules in worn-out boots!"
"I am a mule hauling gas tanks on my back!"
"I am a tinsmith, my cauldrons hold the world's finest couscous!"
"I am couscous, you can eat me with a single lip!"
"I am a weaver, my jellabes are lighter than air!"
"I am air, the scent of bread and damp clay!"

Now when they leave me, in the midst of the medina, I am terrified
to realize that I *am* them: purveyors, drovers, urged on and destitute,
artisans and tramps; that I see the world through *their* black eyes;
inhaling kief smoke from *their* rotting mouths; I taste mint tea with
their rough lips; I tear at sheep skin with *their* calloused fingers; I take
on the dull gait of an old mule; the inflamed sores of a stray cat. I
wanted to find myself but instead became them! all of them! Rooted
there, unable to peel myself off the pavement.

. . . .

And then the TV screens blaze, flashing on
as the satellite moves from the dead zone!
and the city turns to its televisions.
I freeze in the middle of the bazaar

и не понимаю: кто я? что со мной?
«Мсье!» — слышу над ухом голос.
Это говорит офицер, патрульный.
«Ваши документы, мсье!»

— Мне кажется, что я не существую …
— Кому кажется, мсье?

not understanding: who I am? what I'm doing?

"Messieurs!" — I hear a stern voice say from above.

A patrol officer is speaking.

"Your papers, messieurs!"

"It appears I do not exist . . ."

"To whom does this appear, messieurs?"

* * *

моя стена молчит внутри;
на том конце стены горит
фонарь или окно без штор —
отсюда плохо видно, что
я слышу только скрип камней
прижмись ко мне еще плотней
кирпич бормочет кирпичу
— стена молчит, и я молчу

* * *

my inner wall keeps silent;
a shadeless window or lamp
burns at the very edge —
from here it's hard to make out,
I can just hear creaking stones
brick muttering to brick
pull me closer
— my wall keeps silent, and I am still

* * *

п.а.

наших мертвецов
продрогшие виолончели
мы вынимаем из футляров
и день за днем, нота за нотой —
трогая слабые, сухие струны
— вспоминаем, как они звучали

* * *

p.a.

our dead's
frozen cellos
pulled from cases —
day after day, note for note,
weak plucking, dry strings
— we recall their sound

* * *

тебе, невнятному, — тому,
кого уже почти не слышу,
скоблящий взглядом темноту
— и дождь ощупывает крышу,
так понемногу голос твой
футляр, оставшийся от речи
мне, безъязыкому, в глухой —
с тебя наброшенной на плечи

* * *

you, nearly inaudible —
I can barely hear you,
scanning the dark —
rain tripping over the roof,
and bit by bit your voice
remains in boxes of speech —
I'm mute, in these depths
you've passed me to bear

начало религии

если скульптуру собаки
на станции «площадь революции»
отполировали до блеска
миллионами прикосновений,
значит, пора дать собаке имя,
придумать родословную,
украсить цветами и фруктами,
и поставить коробку для
денежных пожертвований —

ваш подземный путь
охраняет бог синей ветки!

— если этого не происходит,
значит ваше пожертвование
просто включили в стоимость
купленного билета

starting a religion

now that a million hands
have polished to a sheen
that sculpture of a dog
at station revolution square —
it's finally time to name the dog,
conjure a pedigree,
adorn it in flowers and fruit,
set out a cashbox for donations —

god will protect the blue line
along your subterranean path!

— and if it does not come to pass,
it simply means your donation
was included in the price
of the ride

«философия общего дела»

сын человеческий, кто твой человек?
(переворачивает страницу)
тот ли, который собрал из камней ковчег?
(переворачивает страницу)
или тот, кто заставил его собрать?
(подчёркивает, затем стирает)
море раздвинул? стрелы повернул вспять?
(закрывает книгу)

ты —
это точка, и движешься вдоль черты;
вес твой ничтожен, ничтожны твои следы
(это напоминает скольжение гирьки
на весах в медпункте) —
но чем больше делений, тем ближе то,
что лежало в начале; что было «до»
(это называется «эффект рычага») —
и тем отчетливей голос

обернись во тьму
подойди к нему

спроси —
кто твой сын?

"the philosophy of common causes"

son of man, who is your man?
(turns the page)
he who gathered stones for the ark?
(turns the page)
or, he who compelled him to gather?
(underlines and erases)
who parted the sea? turned back arrows?
(closes the book)

you —
this point moving along a line;
your insignificant weight, insignificant trace
(calls to mind sliding weights
in the infirmary) —
but the more divisions, the closer
to the beginning; what was "before"
(known as "leverage") —
and then a clear voice:

turn around in the dark
come to him

ask —
who is your son?

* * *

ревет и грохочет на привязи лодка
ночного причала, и тьму околотка,
точнее, окрестностей архипелага,
сжимает, как землю в карманах, салага
— и между землею и небом, как остров,
точнее, как необитаемый остов,
плывет, раздвигая соборы из мрака
апостола павла — апостола марка

*　*　*

a tethered boat groans and rumbles
an evening berth, a neighborhood gone dark,
or rather, the adjacent archipelago
shrinks like pockets of earth, a green sailor
— between earth and sky, like an island,
or, more precisely, a deserted skeleton,
sails, pressing cathedrals through the dark —
paul the apostle — the apostle mark

армянский триптих

1

арарат —
шапку твою из рукава достану,
на брови надвину —
никто не заметит

2

выйду на лестницу —
первая травой заросла, вторая из камня,
а на третьей снег не сошёл
— ереван мой

3

берег есть, а воды нет
храм на берегу есть — берега нет
небо над храмом есть, храма нет
отдай, что взял — севан!

armenian triptych

1

ararat —
I pull down your cap
from a sleeve donning dark
brows so no one will see —

2

go out on the stairs —
the first overgrown in grass, the second stone,
and snow upon the third
— my erevan

3

there is a shore, but no water
a cathedral on the shore, but no shore
sky above the cathedral, but no cathedral,
return what's been taken — sevan!

Прадо

Мясные ряды Рубенса.
Битая птица Гойи, перья испачканы грязью.
Креветки Босха, требуха Брейгеля —
кипят, бурлят в огромных чанах.
Вяленая рыба Эль Греко.
Между прилавков снуют карлы, буффоны.
«Педро Ивановиц Потемки» в меховой шапке.
Крики, конский топот, лязг металла —
все сливается в один базарный грохот.
Только в полотняных рядах Рафаэля тихо —
ветер играет голубым отрезом.
И снова стук, скрежет, брань.
Отрубленное ухо кровоточит на пол.
«Взяли, поднимаем!» — кричит кто-то простуженным голосом.
В небе медленно вырастает силуэт креста.
                              Всё замирает.
В эту бесконечную секунду тишины
слышно как в пещере потрескивает огонь.
Плеск весла на переправе.
Шелест инкунабулы Иеронима
и стук прялки.

. . . На следующий день мы проснулись рано
и целовались в постели, не размыкая веки,
как летучие мыши. Два рисунка
— два наброска на холсте Мадрида.
Картина, которую никто никогда не увидит.

Prado

Butcher stalls of Rubens.
Goya's beaten birds, feathers daubed in mud.
Bosch's shrimp, Brueghel's entrails —
seething, boiled in enormous vats.
El Greco's dried fish.
Dwarves scurry between the counters, buffoons.
"Pedro Ivanoviz Potemki" in a fur hat.
Shouting, the clatter of horses, clanging metal —
everything merging in the din of a single bazaar.
Raphael's rows of linen the sole calm —
wind playing in the sky-blue lengths.
And then another thump, gnashing, curses.
A severed ear bleeds onto the floor.
"Hoist it up!" — someone shouts in a gruff voice.
A cross's silhouette emerges in the sky.
                              Everyone stops.
The sound of a flame crackling in a cave
echoes over this infinite moment of silence.
The splashing of oars fording a river.
Hieronymus's rustling incunabula
and the rumble of spinning wheels.

. . . We woke early the next day,
kissed in bed, not opening our eyes,
like bats. Two drawings,
two sketches on the canvas of Madrid.
A painting no one will see.

у черного моря в медвежьем углу,
где желтые волны одна на одну
бросает на берег, как стопки белья,
и море шумит в закромах бытия, —
        мой новый овидий! оставшийся лишним
        в отчизне, давно позабывшей о книжном
        наречии, смотрит на небо за пряжей
        густых облаков над пустотами пляжей,
        и что ему греки, румынские даки
        — в беременных тучах, как нож для бумаги,
        мелькает крыло, разрезая страницы
вот счастье, овидий —
вот право — патриций

* * *

in a dead end of the black sea,
where yellow waves roil ashore
one after the other, like piling clothes,
and sea sounds in the grains of existence —
        my new ovid! what remains in excess
        on native land, having long forgotten the book
        of dialects, looking up to the sky for a dense
        yarn of clouds over vacant beaches,
        and to him came greeks, romanian dacians
        — pregnant clouds, wings flashing
        like a paper cutter splitting pages
so jubilant, ovid —
patrician — so true

«Кампо ди Фьори»

Тогда через многие годы
На новом Кампо ди Фьори
Поэт разожжет мятеж

Чеслав Милош

1

...по пути на площадь —
узкий проход, проулок (даже
не проулок, а щель, лазейка).
Солнце не заглядывает сюда.
Купишь пиццу, сядешь у стены
— кусаешь, пока не остыла,
и смотришь в толпу.

Стена (не мрамор, а гладкий
обмылок) — белая, теплая.
Над крышами висит купол —
шар воздушный, железный.
Тащит пустую корзину
— только мелькают тени.
А толпа все прибывает.

Чужой в этом городе, я
прихожу сюда каждый день.
Ни Колизей или Форум,
суды или банки, Термы,

"Campo dei Fiori"

And many years have passed,
On a new Campo dei Fiori
Rage will kindle at a poet's word
Czesław Miłosz

1

. . . on the way to the square —
a narrow passage, alleyway (not
even an alley, more of a crack, a slit).
The sun doesn't reach here.
You buy a pizza, sit along the wall
— picking away as it cools,
staring into the crowd.

The wall (not marble, but a smooth
remnant) — warm and white.
The iron balloon of the dome
hangs over roofs,
pulls an empty cart —
glimpsing shadows.
And the crowd grows.

A stranger in this town, I
come every day.
Not to the Colosseum or Forum,
the courts or banks, Baths,

но темный проулок:
вот где ось мира. Здесь
время сошлось, сжалось.

Американцы, французы, немцы
галдят, хрустят картами.
Сытые, самодовольные
мошки в янтарной капле
(и я вместе с ними).
И маленький индиец —
продает зажигалки.

В кафе по телевизору суд:
«Миссис Кембелл, скажите,
откуда эти бриллианты?»
Толпа замирает у экрана.
«Как она держится!» Шепчут.
А я читаю бегущую строчку:
«Число жертв . . . выброс нефти . . .»

Француз-кукольник
заводит шарманку.
Толпа окружает, хохочет.
Смешно — певец умер, а кукла
кривляется на помосте.
И монеты летят в шляпу.
А я затыкаю уши:
«Жги мир как Нерон,
убивай в гетто — ничего
кроме чужих бриллиантов
неинтересно!» Не шум

but to this darkening alley:
to the world's axis. Here,
where time has coalesced, contracted.

Americans, French, Germans
rustle around, crackling maps.
Sated, a self-satisfied
midge in a drop of amber
(and I am among them).
A diminutive Indian
selling lighters.

A trial on the café's TV:
"Tell us, Mrs. Campbell,
where did you get the diamonds?"
The crowd fades from the screen.
"Look how she's acting!" — they whisper.
And I watch the ticker:
"Number of victims . . . oil spill . . ."

A French puppeteer
turns a hurdy-gurdy.
The crowd gathers around, laughs.
It's funny — the singer dies, and the puppet
pulls faces on the dais.
Coins fly into the hat.
I plug my ears:
"Burn the world like Nero,
murder in the ghetto — nothing
but unfamiliar diamonds
interest them, how uninteresting!" Soundless

вечного города, но скрип
ледяного ворота
— каменной ступицы,
вот что я слышу.
Не булыжник, но жернова
под ногами. Не шарманку,
но молох вращает кукольник.
Не вальс, но марш
звучит над головами.
«Мир, люди —
как разбудить вас?
И тогда я решаю вот что.

2

. . . когда ты спал.
Собрала вещи, закрыла номер.
Улыбаюсь портье сквозь слезы —
а сама не знаю, куда бежать.
Как сомнамбула, выхожу
из гостиницы на площадь
и сажусь в кафе, нашем.

«Синьора?» Официант кивает.
Заказываю кофе и граппу.
Что *ты* заказываешь обычно.
А рынок бурлит, торгует
— Джордано Бруно в цветах!
Закуриваю, пишу. Но что?
Слов для тебя у меня нет.

eternal city, the creak
of an icy gate
— I hear
stone naves.
Not a boulder, but a millstone
beneath his feet. Not an organ grinder,
but Moloch revolving the puppeteer.
Not a waltz, but a march
sounding over heads.
"The world, people —
how to wake you?"
And then I decide what must be done.

2

. . . as you slept.
I packed up and left the room.
Smiling to the clerk through tears —
and I don't know where to run.
I dash like a sleepwalker
from the hotel to the square
and sit at our café.

"Signore?" The waiter nods.
I order coffee and grappa.
Your usual, then.
The market is roiling in trades
— the hues of Giordano Bruno!
I light a cigarette and write. But what?
I have no words for you.

«Не могу больше . . .». Стираю.
«Мне не хватает тепла . . .»
И слышу твою усмешку:
«Тебе со мной *так* плохо?»
Кричу: «Хорошо, слишком!
Но это «хорошо» — холодное . . .»
И не могу отправить.

И тут этот парень.
шорты, майка — обычный.
Задел столик, извинился
— акцент, иностранец.
Стоит под памятником, смотрит
поверх голов. Улыбается.
Отвинчивает крышку.

Вокруг пьют, стучат вилками.
Продавец отвешивает лимоны.
А у него побелели губы.
Хочет говорить, но слова? И я
понимаю, *что* сейчас будет.
Теперь это не лицо, а маска,
которую вот-вот снимут.

Пустая канистра падает.
Волосы слиплись, одежда
промокла (официант нюхает воздух).
А толпа уже собралась.
Какая-то девочка бросает монету.
Взгляд отрешенный, внутрь:

"I can't take anymore . . ." I clean up.
"I'm not warm enough . . ."
I hear your smile:
"I wasn't good enough to you?"
I shout back, "Good, too good!
But this 'good' has gone cold . . ."
I cannot send it.

And then this guy.
In shorts and a T-shirt — what you'd expect.
Brushes against me, squeezing by the table,
apologizes — some accent, a foreigner.
Standing like a monument, he looks
over heads. Smiles.
Unscrews a lid.

Everyone drinks, clinks forks.
Shopkeepers weigh lemons.
His lips grow white.
He wants to speak, but which words? I
understand *what* is going to happen now.
Now he's not a person, but a mask
about to be removed.

An empty canister falls.
Matted hair, damp
clothes (the waiter sniffs at the air).
A crowd has already gathered.
Some girl throws a coin.
Blank stares inside:

щелчок! еще! еще раз!
Разочарованный выдох.

Он поднимает глаза
— пустые, прозрачные.
Лицо заплаканное.
Находит меня взглядом.
Очнувшись, встаю. «Пустите!»
— пробираюсь к памятнику.
Протягиваю сухую зажигалку.
И сразу на площадь.

Шаг, другой. Еще. Хлопок!
— как парусина на ветру —
и мир взрывается.
Крики, звон, стук, топот.
Карабинер на бегу достает рацию.
А я спускаюсь в переулок.
В проход, в щель — туда,
где таксист тянет шею.
— «Что там, синьора?»
«На вокзал». Ко мне
возвращается мой голос.
Мимо, размахивая руками,
бежит маленький
индиец.

click! more! and again!
A disillusioned sigh.

He lifts his eyes
— empty, transparent.
A tear-stained face.
Stares at me.
Coming back to, I sit up. "Let's go!"
— making my way to the monument.
Pulling out a dry lighter.
Head back to the square.

One step, then another. Again. A bang!
— the world explodes —
like a canvas in the wind.
Cries, sounds, a knock, stamping.
A carabineer runs by grasping a walkie-talkie.
And I head down an alleyway.
Into the passage, into the gap — where
a taxi driver is craning his neck.
— "Where to, signore?" —
"To the station." I re-find
my voice.
A small Indian
runs past
waving his arms.

3

Я проснулся от шума — на площади выла сирена.
И увидел, что тебя нет рядом ....
....
....
....
....
....

3

I was awakened by a noise — sirens on the square.
And realized you weren't near ....
....
....
....
....
....

Случай в Стамбуле

надо бы встать, выйти из кафе, подняться в номер,
закрыть двери/окна/шторы, стащить рубашку
— упасть на постель, провалиться в сон —
но вместо этого я не могу не смотреть на улицу,
где, глядя перед собой как слепые, идут люди,
не могу отвести глаз от прохожих, между которыми общего —
только этот город и стены друг между другом —
только воздушные шары фантазий, скрипящие над головами,
— и я эти шары вижу

. . . несколько лет назад:
невысокая, гладкие волосы
собраны на затылке (бедра
обтянуты светлой юбкой).
Турчанка, переводчица —
она повторяла слова, мои слова.
Чем еще подкупить мужчину?
Широкие брови; масличный разрез глаз.
Темные, полупрозрачные, они
излучали тревогу, как будто
она знала, *что* между нами будет.
А потом проходит — сколько? — четыре года.
Мой роман вышел, я возвращаюсь в город.
В книжном издатели, журналисты.
Английский, турецкий язык, музыка —
сливаются в ровный шум.
А я всё смотрю поверх голов, ищу
её взгляд. И не нахожу, не вижу.
Она не приходит.

An Incident in Istanbul

I should get up and leave the café, go to my room,
close the door/window/blinds, take off my shirt
— collapse into bed, fall fast asleep —
but instead I stare out on the street,
where people are passing, staring straight ahead, like the blind,
I can't lift my gaze from the passersby, nothing
stands between them but the city and walls —
balloon-like fantasies squeal overhead,
— and I can see these balloons

. . . several years ago:
short, smooth hair
pulled back (hips
draped in a sheer skirt).
A Turkish translator —
repeated words, my words.
How best to conquer a man's heart?
Thick eyebrows, olive-shaped eyes.
Dark, transluscent, a warning emanated, as if
she already knew *what* might happen between us.
And then time passed — how long? — four years.
My novel came out, I came back to the same town.
Publishers and journalists lined the bookstore.
English, Turkish, music —
converge into a steady hum.
I glance over their heads, searching
but not finding her.
She hasn't come.

«Найти и подарить книгу».
«Не может быть, чтобы она забыла».
Ведь это *нашу* историю
я рассказал в романе. Нашу ночь
подарил герою. Наши чувства
рассказал всему миру.
И утром спускаюсь по горячим камням.
Грохот города отступает, меркнет.
В древних кельях тишина и прохлада.
Вода звенит в фонтане — как в *тот* день.
«Как представить господина?» —
На губах у привратника полуулыбка.
Смотрит — как будто знает.
«Господину обычный или турецкий?»
Пальцы не слушаются, чашка
вот-вот выскочит из рук.
Сижу, уткнувшись в газету.
И слышу забытый голос.
«Это вы? Вы ко мне?»

Сухая ладонь, быстрое пожатие —
ни словом, ни жестом! только
из-под ресниц темный блеск.
«Объявлен культурной столицей Европы...
Рада поздравить с книгой . . .» —
Она говорит не своим, деловым тоном.
А я смотрю на нежную шею.
На влажные крупные зубы, которые
разжимал языком, чтобы ощутить
горячий клубничный вкус
(мы ели в кафе клубнику).

"I have to find her, to give her the book."
"She couldn't have forgotten."
It's *our* story being
retold in the novel. A night
given over to our hero. Feelings
recast for the entire world.
I step down on the warm stones.
The din of the city recedes, fades.
The ancient cloisters of silence and cool.
Water rings in the fountain — like on *that* day.
"How best to introduce you, sir?" —
A half-smile on the porter's lips.
He looks as if he knows.
"Sir — regular or Turkish?"
My fingers won't respond, the cup
nearly slips from my hand.
I sit, buried in the paper
when I hear a forgotten voice.
"Is it really you? Did you come to see me?"

A dry palm, a quick handshake —
without a single word or gesture!
A luster from beneath dark lashes.
"Declared the cultural capital of Europe . . .
Delighted to congratulate you on your book . . ." —
She says this in a distant, business-like tone.
I glance at her tender neck.
Onto her damp teeth, which I parted
with my tongue to feel the warm
taste of strawberries
(we'd eaten strawberries in the café).

И снова: «Наш культурный центр…
Среди почетных гостей . . .»
Она говорит, чтобы заглушить наши мысли.
Но я вижу стыд и любопытство.
Такими были ее глаза, когда она,
полураздетая, прижималась ко мне,
чтобы я не видел ее наготы; и в дверях,
когда запретила провожать себя.

«Что-то еще?» — Мы встаем.
Я чувствую, как рубашка отлипает от кожи.
«Мне хотелось подарить тебе . . .» —
Оба смотрим на книгу,
как будто под обложкой приговор.
«Если можно, подпишите роман . . .» —
Она обводит рукой галерею.
 «Для нас это важно, очень».
Я покорно вынимаю ручку.

Ладонь сухая, ни секунды дольше.
На лестнице оборачиваюсь —
нет, светлая юбка исчезла в келье.
Чернильные полосы кипарисов,
на столе красное пятно книги.
По дороге обратно сажусь в кафе.
Вспоминаю *тот*, настоящий вечер.
Стул напротив, который остался пуст —
потому что она не пришла.
Нетронутую клубнику, и как
один поднялся в пустой номер.
«Надо бы встать, — говорю, очнувшись. —

And then: "Our cultural center . . .
Among our honored guests . . ."
She says this to drown out our thoughts.
But I see her embarrassment and curiosity.
With the same eyes as when she,
half-dressed, clung to me
so I wouldn't see her naked; in the doorway,
when she refused to let me take her home.

"Anything else?" — we get up.
I feel the shirt peel away from my skin.
"I wanted to give you . . ." —
We both stare at the book,
as if some verdict lies beneath the cover.
"If you could, sign the novel . . ." —
Her hand traces a circle around the gallery.
"It is very important to us."
I dutifully take out a pen.

A dry palm, no more than a second.
I turn back on the stairs —
the sheer skirt has vanished from the cloisters.
Ink-striped cypresses,
the red stain of my book on the table.
I stop at the café on the way back.
I recall *that* evening.
How the opposite chair remained empty —
because she never actually came.
Untouched strawberries, and how
I went back to an empty room.
"You have to get up, — I say, waking. —

Дойти до гостиницы, зашторить окна.

Заснуть, а завтра улететь из этого города».
Но другой голос перебивает:
«Надо бы все рассказать ей — ночью,
когда мы закончим». Ночью —
и будем лежать навзничь. Ночью,
и слушать тихий шелест.
Ночью — над нашими мокрыми
головами.

Go to the hotel, shut the blinds.

Go to sleep and tomorrow leave this town."
Another voice intercedes:
"You've got to tell her — tonight,
when we're done." Tonight —
lying on our backs. Listening
to a murmuring at night.
At night — over our damp
heads.

Елка на Манежной

(Декабрь 2010)

Моя жена — кореянка *(этот факт
имеет значение для сюжета)*.
[13.00] Я вышел с ребенком.
Как обычно по субботам, мы
гуляли на бульваре — как вдруг
мне пришла идея *[13.20]*
показать ребенку новую елку.
Мы *[13.30]* спустились по Никитской.
Елка у Манежа оказалась
некрасивой (вместо игрушек реклама)
— и я *[13.50]* решил поехать на каток.
На Чистопрудном *[14.15]* шел митинг.
Некоторые защитники Москвы
пришли с детьми, и те сразу
устроили у Грибоедова горку.
Наигравшись *[14.45]*, мой повис на руке.
Я *[14.50]* вспомнил про каток.
На прудах *[15.10]* в белых «фигурках»
катались девочки-подростки.
Они говорили по-французски.
«Странно! — Подумал я *[15.20]* —
вчера я был в деревне, ходил в баню
— а сегодня митинг, француженки...»
[16.00] ... Пока не замерз окончательно.
На бульваре я знал винный бар.
Выпив *[16.30]* — и повторив *[16.35]*,

Christmas Tree on the Manezh

(December 2010)

My wife is Korean (*this point
is crucial to the plot*).
[13.00] I was out with our son.
Like most Saturdays we
were walking along the boulevard when
I *[13.20]* decided to show
him the new Christmas tree.
We *[13.30]* headed down to Nikitsky.
[13.45] The Christmas tree on the Manezh was
hideous — nothing but an ad for toys!
— So I *[13.50]* decided to head to the rink.
There was a rally *[14.15]* at Chistoprudny.
A group of Defenders of Old Architectural Moscow
had brought their children to the gathering and quickly
fashioned an ice-run at Griboyedov monument.
After playing *[14.45]* for a while my son yanked on my hand.
I *[14.50]* remembered the rink.
Figurines all in white *[15.10]* skating across
the pond, teenage girls
speaking in French.
"How strange! — I thought *[15.20]* —
Yesterday I was in the country, at the spa
— And now a rally, and French girls . . ."
[16.00] . . . Until I was completely frozen.
I knew a wine bar on the boulevard.
After drinking *[16.30]* — and repeating *[16.35]*

я сводил ребенка в туалет. Теперь
можно было ехать на «Охотный ряд».
На эскалаторе *[17.00]* я достал телефон
— 19 пропущенных! И набрал жену.
«Не спускайся в метро!» Она была в панике.
И: «Я не могу дойти до дома . . .»
Выскочив, мы поймали *[17.10]* такси
и *[17.15]* помчались на Никитскую
по пустынным бульварам.
. . . От погромщиков моя жена
пряталась в арке Рахманиновского зала.
Когда я *[17.40]* втащил ее в машину, она
схватила ребенка и разрыдалась.
На ее глазах они избили туриста.
Ей было страшно за ребенка.
Она *[17.44]* не хотела жить в этой стране.
. . . Недавно пустую и холодную, площадь
покрывала розовая пелена дыма.
Некрасивая елка исчезла, только
еловые лапы валялись — словно
в городе прошли похороны.
Полчища нацистов колыхались
как водоросли — и наша машина
плыла сквозь них равнодушной рыбой.
Ни отвращения, ни гнева
я не испытывал. Изумление —
вот что осталось: «Что если
я бы не услышал телефон?»
Миры, которые нас окружали
— людей, беззаботно обедавших
за углом на Тверской, и тех,

I took him to the bathroom. Now we could head back
to Okhotny Row station.
I answered *[17.00]* a call on the escalator
— 19 missed calls! All from my wife.
"Don't go into the metro!" She was panicked.
"How am I going to get home . . ."
We hailed *[17.10]* a taxi
[17.15] and rushed off to Nikitsky
along deserted boulevards.
. . . My wife was hiding from the *pogromshiks*
in the arch of Rachmaninov Hall.
As I *[17.40]* pulled her into the car, she
grabbed our son and burst into tears.
They had beaten the tourists right in front of her.
She was terrified for our son.
She *[17.44]* didn't want to live in this country anymore.
. . . Recently it's been empty and cold, a pink
veil of smoke covering the square.
The hideous tree disappeared, leaving
spruce needles scattered around — like
funerals popping up all over the city.
Nazi hordes fluttered
like seaweed — and our car
sailed through them like an indifferent fish.
With neither disgust nor an anger
I'd experienced before. Astonished —
that this is what remains: "If I
hadn't heard the phone in the metro?"
The worlds that surround us
— people dining on Tverskaya
while others rage at the Kremlin —

кто бесновался у Кремля —
фигуристок, и защитников
старой Москвы — эти миры
выглядели пугающе разными, но
как никогда близкими. Их разделяла
тонкая (как стекло машины),
но нерушимая грань.
Она была тем прочнее, что
проходила не снаружи,
а внутри каждого. И я
эту грань чувствовал.
Что видел из машины ребенок?
[18.30] Он спал.

a world of figure skaters and
defenders of old Moscow
appear terrifyingly different,
and much the same. They share
a thin (as car window glass)
but unbreakable border.
And that border stronger
than ever as it stood
within each of us. I
could sense this line.
And what did our son see from the car?
[18.30] He slept.

Апрель

Обычное городское озеро —
круглое, около километра в диаметре.
Лавки, пирсы. Щиты «Не сорить»
и «Берегите лес от пожара».
Юные мамаши тянут пиво
(коляски припаркованы рядом).
Гудят покрышками велосипеды.
На опушке пикник, музыка:
«Жизнь невозможно . . . И время ни на миг . . .»
Слышен смех и стук ракеток.
Раньше я тоже гулял вокруг этого озера.
Пил вино, целовался. На спор
прыгнул с вышки в ледяную воду.
А потом поступил, уехал.
Начал новую жизнь. Сошел с круга.

April

1

A typical urban lake —
round, nearly a kilometer in diameter.
Benches, piers. Placards: "Do Not Litter"
and "Prevent Forest Fires."
Young mothers sip beer
(strollers parked nearby).
Humming bike tires.
Music from the edge of the picnic:
"Time is on my side . . ."
Laughter and the crack of bats.
I used to walk around this lake.
Drank wine, kissed. Dared to leap
from the diving board into icy water.
Arrived and then departed.
A new life began. Full circle.

2

Сквозь еловые ветки кладбища —
море свежих крестов.
Город мертвых растет, строится.
Постояльцы на «. . . штейн», «. . . ский», «. . . берг».
Реже на «. . . ов», «. . . ев», «. . . аев».
Одинокий полумесяц: «Омар Хайруллин».
Академики, слесари, все вместе.
«И этот здесь . . . и этот . . . и эта»
— я не верю собственным глазам.
А ведь когда-то они гуляли на озере.
В одиночку, парами. С коляской.
Именами некоторых названы улицы.
Площадь и средняя школа.
Но большинство не оставило по себе следа.

2

A sea of fresh crosses
through the cemetery's spruce branches.
A city of the dead rises, constructs.
The residents: ". . . shtein," " . . . sky," " . . . berg."
Even an " . . . ov," " . . . ev," and " . . . aev."
The lone crescent: "Omar Khairulin."
Academics, locksmiths, all together.
"And this one here . . . and this . . . and this"
— I can't believe my eyes.
They all strolled around this lake.
Alone, as couples. With a stroller.
A few of the names are inscribed on streets.
A square or middle school.
Most of them didn't leave a trace.

3

Эти люди научили меня всему —
алфавиту, счету, русскому языку;
как держать карандаш и рубанок.
Только один вопрос: зачем? без ответа.
А теперь между нами никого, пусто.
«Когда ты уходил . . . Все звуки во вселенной . . .» —
Жарят мясо, пикник в самом разгаре.
Я подхожу ближе, заглядываю в лица.
Спрашиваю: «Ведь мы знакомы!»
Но в ответ они только смеются.
Бренчат на гитаре и запускают змея.
Когда музыка затихает, я
перехожу на шаг. Перевожу дыхание.
Старый снег в лесу хрустит и крошится.
Сердце стучит, вот-вот выскочит.
А больше ничего, тихо.
Лес похож на недостроенный собор.
Пахнет глиной, стружкой.

За колоннами блестит узкая речка.

3

These people taught me everything —
the alphabet, how to count, Russian;
how to hold a pencil or plane.
Which leaves one question: why? — no response.
And then there's no one between us, a void.
"When you departed . . . All the sounds of the universe . . ." —
Roasted meat, a picnic in full swing.
I move closer, peer down at the faces.
I ask: "Aren't we all friends here?!"
They laugh in response.
Jangling guitars and soaring kites.
As the music fades, I
take a step. A breath.
Old snow crunches in the woods, crumbles.
My heart pounds, ready to burst.
And then nothing, quiet.
The forest resembles an unfinished cathedral.
The scent of damp wood chips.

A stream glimmers beyond the columns.

* * *

во мне живет слепой, угрюмый жук;
скрипит в пустой коробке из-под спичек
шершавыми поверхностями штук
хитиновых — и кончиками тычет —
ему со мной нетесно и тепло
годами книгу, набранную брайлем,
читать в кармане старого пальто,
которое давным-давно убрали

a grim blind beetle lives in me;
chattering in an empty box of matches,
bits of rough chitin
— edges jutting out —
he feels warm and free within,
reading a book set in braille, year after
year, what was removed so long ago
from an old coat pocket

пальто

набрасывается на человека —
обрывает ему пуговицы, хлястик;
выкручивает рукава и карманы —
трёт / мнёт / рвёт / режет
а потом выбрасывает на вешалку,
и человек висит в кладовке —
забытый, никому не нужный
— и тяжело дышит,
высунув розовую
подкладку

coat

leaps onto a person —
tears at his buttons and belt;
rips out sleeves and pockets —
squeezes / plucks / slashes / cuts
drapes him on a hanger
hanged in the closet, forgotten —
someone nobody needed
— struggling to breathe,
lolling at the pink
lining

* * *

старых лип густая череда
гнезда в липах словно черепа —
тихо наверху во тьме стучат:
завтра будет сильный снегопад
а пока на небе карусель,
плещет в небе стая карасей,
комья по настилу, гром копыт —
я стою, зима во мне летит

* * *

a thicket of aging lime trees,
nests like skulls in the limes
knock faintly overhead in the dark:
tomorrow there'll be heavy snow,
as the carousel in the sky
splashes like schools of carp,
slumps to the floor, thundering hooves —
I hold firm, winter soars within

МОЙ СТИХ

слепой как птица на ветру,
облепленный пером
чужих имен — как вкус во рту,
который незнаком —
на вечном обыске, по швам
всё ищет край времен,
как много будущего — *там*
как холодно мне в нем

my poem

blind as a bird on the wind,
foreign names plastered
in pen — like an unfamiliar
taste, the eternal
search at the seams,
reaching for an edge,
so much future — *there*
as cold as in me

* * *

что напишет под утро снежком,
я уже научился читать —
ковыляет старуха с мешком,
а могла бы как птичка летать
— по такому снежку не спеша
хорошо до никитских ворот
а старуха из-за гаража
— и качается стая ворон

* * *

I've long known how to read
what's written in the morning snow —
an old woman hobbling with a bag
might soar like a bird,
but in this snow life's just a short
walk to Nikitsky gate,
from the old woman by the garage
— a flock of crows bobbing along

* * *

человек состоит из того, что он ест и пьет,
чем он дышит и что надевает из года в год
— вот и я эту книгу читаю с конца, как все;
затонувшую лодку выносит к речной косе,
ледяное белье поднимают с мороза в дом
и теперь эти люди со мной за одним столом;
тьма прозрачна в начале, и речь у нее густа —
открываешь страницу и видишь: она пуста

* * *

man is made of what he eats and drinks,
breathes in, puts on over the years,
— and like everyone else, I read the book from the end;
a sunken boat carried off to a braided river,
frozen sheets rising from frost in the house,
and these people now sitting with me at the same table;
in the beginning, transparent darkness and dense speech —
you open a page only to find it's blank

* * *

где этот птичий гомон, где
всё билась о причал
доска на каменной воде
— и вся ее печаль,
куда пропали, побросав
костюмы, господа,
зачем на веслах старый граф —
и в сапогах вода,
стучат на лавках в домино,
летит на борт канат
— там будет вечное кино
и желтый лимонад,
а здесь железная трава
и мокрое бельё
полощет в небе рукава
— и зарастет быльём

* * *

where chattering birds, where
a plank beat against the mooring
over stoned water
— all of her sorrow,
where they disappeared, abandoning
their costumes, gentlemen,
why is an old count rowing —
with water in his boots,
dominos rapping on benches
ropes flying on board
— there'll be an eternal movie
and yellow lemonade,
while here, steel grass
and damp clothes
whip sleeves in the air
— heal tales

Письмо Якубу

«Здравствуй, Якуб!

Мы не виделись с тех пор, как я впервые приехал в твой город, то есть десять лет. Честно говоря, уже и не помню, зачем пришел тогда в эту старую, растерявшую былую славу, гостиницу. Наверное, где-то вычитал, что в холле сохранился оригинальный интерьер. Решил посмотреть, как обставляли гостиницы в начале века. Я вошел, заказал кофе — и застыл от изумления. Резные шкафы и кресла, напольные часы, похожие на саркофаги, и никелированные музыкальные автоматы, мутные зеркала в облупленных рамах и древние оттоманские печи, старые телефоны, патефоны и радиолы, похожие на сундуки, и сами сундуки и ящики — холл был буквально набит старинной утварью. Я бродил по коврам, разглядывая ее.

Тебе могло бы показаться странным, что я столько внимания уделяю этой рухляди. Но пойми — как и многие мои соотечественники, я испытываю ностальгию по старой мебели, потому что старая мебель моей страны сгорела во время войн и революций. А здесь всё было в целости и сохранности. И тут я увидел клетку.

A Letter to Yakub

"Greetings, Yakub!

We haven't seen each other since I visited your town, ten years ago now. Honestly, I don't remember why I ever stopped in that old, bewilderingly bygone, most celebrated of hotels. I'd probably read about the preservation of the lobby's original interior, and decided to take a look, to see how rooms were furnished at the start of the century.

I went in, ordered a coffee and froze in utter amazement. Carved cabinets and chairs, grandfather clocks resembling sarcophagi, nickel-plated musical machines, clouded mirrors and peeling frames, ancient Ottoman stoves, old telephones, gramophones and Radiolas, which looked like trunks, and even more trunks and boxes — the lobby literally packed with antiques.

I caught site of you as I stepped onto the carpet.

It might seem strange to you now, placing so much attention on all of that junk. But you have to understand — like so many of my countrymen, I have a deep sense of nostalgia for vintage items, as nearly all of my country's furniture was burned up in wars and revolutions. Here everything's still in one piece. And then I saw the cage.

Клетка стояла на окне рядом с пальмой. Я бы мог и не заметить ее, настолько неприметным выглядело твое жилище среди пышного антиквариата. Скрип, щелчок, свист — ты ухватился за прут решетки. Ты сидел в клетке точно так же, как сейчас — десять лет спустя, разве что перьев было побольше. Как и сейчас, ты смотрел в окно, где двигались люди и машины, и летали чайки. И точно так же в твоем взгляде не читалось ничего, кроме равнодушия — к тому, что ты видел. Помню, мальчишка-портье сказал, что тебя зовут Якуб, но сколько тебе лет? Он не знал и позвал старика-чистильщика. Этого старика я запомнил по черными от гуталина пальцам. Он поправил на голове шапочку и сказал, что помнит тебя, сколько сидит на углу со своими щетками, а сидит он всю жизнь, так что . . . Странное это было чувство, Якуб!

За десять лет, что мы не виделись, я объехал полмира, был одинок, несчастен, влюблен и счастлив, у меня родился сын и вышло несколько книг — а ты все так же сидел в клетке, распустив красный хвост: большая старая нахохлившаяся птица на деревянной лестнице. Попугай с библейским именем «Иаков».

The cage sat in a window next to a palm tree. I barely noticed
it at first, extremely ordinary looking among the room's lush
antiques. Creaking, clicking, whistling — you clutching
at the bars. You perched in the cage just like now — ten years
later, though didn't you have more feathers. Just like now, you
looked out the window, onto moving people and cars, flying
gulls. And, just like now, the only thing discernable in your eyes
was an indifference to what you saw. I remember a young boy,
a porter, told me your name was Yakub, but how old are you? He
didn't know, so he called over an aging bootblack. I remember
the shoe polish stained on the old man's fingers. He shifted his
cap and said that he remembered you sitting in the corner, your
fetlocks, perched there his entire life, just like that . . .
It was a strange feeling, Yakub!
Over the ten years we've not seen each other, I've
traveled half the world, spent time alone, unhappy, in love
and happy, had a son and published several books —
and the entire time you've sat in this cage, your fading red tail:
an enormous old ruffled bird on a wooden ladder.
A parrot with the Biblical name "Yakub."

Итак, я вернулся из Каппадокии и поселился в твоей гостинице. Это была чистая случайность — то, что я здесь оказался. Мой издатель забронировал номер, не подозревая, *что* эта гостиница для меня значит. Да и сам я в этот момент не знал, *что* — ведь о нашей встрече десять лет назад я давно позабыл, если честно.
И вот увидел, и вспомнил. И обрадовался.
В Каппадокии я оказался на Пасху и тоже был рад такому совпадению, ведь эта земля была древнехристианской и в то же время святой для мусульман. И вот то, что одна земля смогла приютить две религии, объединить их собой — позволяло мне фантазировать, что и человечество когда-нибудь сможет совместить главные мировые религии. Ты знаешь, я не религиозный человек, Якуб. Если меня что-то и привлекает в религии, так это идея, заложенная в ней. Та, что давала шанс миллионам. Из двух религий, обосновавшихся в Каппадокии, в исламе это была идея нравственного государства, справедливого социума.

I returned from Cappadocia to Istanbul and settled in at your hotel. It was purely by chance that I ended up here. My publisher booked the room, unaware *what* this hotel meant to me. And at that time I didn't really understand *what* it meant — I'd honestly forgotten our meeting.

But as soon as I saw you, it all came back. I was delighted. I was ecstatic to be spending Easter in Cappadocia, in a land sacred both to early Christians and Muslims. A single stretch of earth sheltering two religions, uniting them — which allowed me to fantasize about humanity's major world religions eventually coming together. I'm not a religious person, Yakub. If anything attractive is to be found in religion, it's the concept that resides behind each. That which offers hope to millions. Of the two in Cappadocia, Islam built the concept of a moral state, a just society.

А в христианстве — идея победы над смертью, идея бессмертия души. Обе они (плюс, конечно, идея родоначалия в иудаизме) образовывали в моем сознании идеальную картину мироустройства. На земле и на небе, и внутри человека они справлялись с тем, с чем человек наедине со своей религией, со своим богом — так и не справился. И вот то, что в одной голове идеи главных религий мирно уживались, позволяло мне фантазировать, что рано или поздно человечество тоже сможет примирить их.

Надеюсь, Якуб, хотя бы ты меня понимаешь. Что касается твоего города, в этот приезд меня поразило, что теперь его кафе и бары неотличимы от европейских (правда, с девушкой в этих барах все равно не познакомишься). А еще то, что власти города решили восстановить древние стены Константинополя. Это в моей голове совсем не укладывалось. Ведь что такое, Якуб, руины? Это время, которое можно потрогать. И вдруг его начинают достраивать. Уничтожать — то, чему цены просто не существует.

And Christianity — victory over death, the idea of the immortal soul. Both of these (plus, of course, progenitors in Judaism) form an idealized picture in my mind, a world order. On the earth and in the sky, all men inquiring about that which man alone finds in religion, and in his God — so they do not inquire. The thought that the major religions might be able to exist in peace allowed me to fantasize that, sooner or later, humanity might also be able to reconcile. I hope you understand what I'm trying to say, Yakub. In terms of your city, one thing I've been struck by on this trip is how its cafés and bars are now largely indistinguishable from Europe (except that you can't talk to women in your bars). And your municipal authorities decided to restore Constantinople's ancient walls. I simply don't understand. What are ruins anyway, Yakub? An era which can be touched. Almost as soon as they start, they're done building. Destroying everything that was priceless.

А между тем это *те самые* камни, которые сыпались из-под ноги византийского императора, когда он сражался на стенах города. *Те самые* пробоины, куда янычары бросились, чтобы захватить Константинополь. И вдруг новые камни и свежие бетонные швы. И потом, согласись, это просто неумно с точки зрения туризма — настоящий турист едет не за красотами, а за исчезнувшим временем. С другой стороны, не мне упрекать твой город. Знаешь, Якуб, я ведь давно не чувствую себя своим в родном городе. Того города, где я родился и вырос, и который любил, больше нет. Люди, идущие по его улицам — чужие. Им все равно, какой город их окружает.

Это в твоем городе каждая прогулка сулит открытие — новый закоулок, новый, еще не виденный дом или лавка. А у моего города история была короткой. Разрушить ее оказалось проще. Все, что мне оставалось — утешать себя мыслью, что если один город сменяется другим, а не превращается в музей, то, значит, история куда-то движется, а город живет. Значит, мы еще не умерли. Но нужна ли мне эта история? Близка? И не лучше ли быть, как ты, Якуб — всю жизнь в одной клетке на одном подоконнике одной старой гостиницы?

В Каппадокию я попал по приглашению университета, который устраивал встречу с поэтами и переводчиками. Слушая доклады, я думал, что перевод начинается раньше, гораздо раньше. Задолго до того, когда переводчик раскроет роман.

And yet these are *the very* stones which slipped under the feet
of the Byzantine emperor when he fought along the city walls.
The *very same* breaches the Janissaries attacked to seize
Constantinople. And then suddenly, there are new stones and
fresh concrete. You have to admit it's utter stupidity from the
tourist's point of view — the modern day tourist doesn't travel
for beauty, but to glimpse a lost era. On the other hand, I can't
really blame your city. You know, Yakub, for a long
time now I've felt uncomfortable in my own hometown.
The city where I was born and raised, and which I loved,
simply is no more. The people passing over its streets
are strangers. They don't care which city surrounds them.
In your city every alley promises a discovery — a new back
street, a yet unseen house or shop. My town's history was brief.
It was simpler to destroy it. Everything that remained —
that I take comfort in, is that if one city is replaced by another,
and is not turned into a museum, it means that history is still
moving somewhere, and the city lives. It means that we are
not dead. But do I need this history? Close by? Isn't it better
to be, like you, Yakub — spending your entire life in the same
cage on a window sill of the same old hotel?
I received an invitation from a university in Cappadocia,
which was arranging a meeting of poets and translators.
Hearing the announcement I had understood that the
translation would begin earlier, much earlier. Long before the
translator had even opened the novel.

Перевод начинается в твоей голове, когда ты открываешь новую, незнакомую культуру. Когда твое «присвоение» этой культуры становится залогом ее и твоего развития. Существованием в пространстве, где нет разницы между «падением Константинополя» и «взятием Константинополя» — поскольку искусство всегда придерживается третьей точки зрения.

Когда я впервые приехал в твой город, именно это и произошло со мной. Я просто провалился в него, как Алиса в свой колодец. Ничего не зная о великих мечетях Стамбула, я *ощутил* энергию этой архитектуры. Я *переживал ее* — как человек переживает великое искусство, ведь для того, чтобы переживать исламскую архитектуру — как и фрески с распятием в христианских соборах — не нужно быть мусульманином или христианином.

Вот о каком переводе я говорю, Якуб.

Translation begins in your head, at the moment
you open yourself to a new, unfamiliar culture. When
your "assignment" on that culture becomes a key to your
development. Existence in space, where there is no difference
between "the fall of Constantinople" and "the capture of
Constantinople" — in as much as art has always maintained a
third point of view.
When I first arrived in your town, this is precisely what
happened. I simply vanished, like Alice down the well.
Knowing nothing of the great mosques of Istanbul,
I *could still feel* the energy of the architecture. I *experienced*
it in the way that a person experiences great art — in order
to experience Islamic architecture — like frescoes of the
crucifixion in Christian cathedrals — one need not be Muslim
or Christian.
This is what I mean by translation, Yakub.

Для того, чтобы этот перевод состоялся, нужно позволить чужому миру войти в тебя. Позволить ему *перевести* тебя. Мне, Якуб, это состояние хорошо известно, ведь в моей стране долгое время запрещалось пересекать границы. Это было сложно и дорого — из-за бесчеловечного режима, управлявшего ею. Мы жили, как ты, в клетке, и многие люди из старшего поколения — например, мой отец — так и умерли, не повидав мира. Конечно, сегодня совсем другое дело — вот уже десять с лишним лет мы можем пересекать границы, переводить мир. И это, наверное, главное достижение эпохи перемен, которую мы пережили.

В остальном, Якуб, человек остается собой. Куда бы он ни ехал, клетку своего «я» — своего, по-твоему, «первородства» — ему приходится тащить с собой. Из этой клетки никуда не денешься, не сбежишь.

И в этом смысле я тебе немного завидую, конечно. Ведь у тебя хотя бы *в теории* есть шанс оказаться там, снаружи. Где чайки.

А у меня такого шанса — нет».

To ensure that this translation occurs, you must allow foreign
worlds to enter. Allow them to *translate* you.
Yakub, this has long been a familiar state of affairs
in my country, as it was illegal to cross borders.
It was tremendously difficult and expensive — an inhumane
regime in control. We lived, like you, in a cell, and many from
the older generation — my father, for instance — died, never
having seen this world. And this, of course, is the primary
achievement of the shift between eras in which we live.
Otherwise, Yakub, a man remains within himself.
Wherever he goes trails behind his cage's "I" — his,
according to you, "birthright" — must be dragged along.
There is no way to escape this cell, nowhere to flee.
And, in this sense, I envy you.
Because at least *in theory* you have the chance to find yourself
out there. With the gulls.
And I have not been given that chance."

Translator's Afterword

My initial pull into the work of Gleb Shulpyakov centered on his neo-formalism and thematic concerns that seemed, at least on the surface, to be a completely other pursuit, at least when compared to the experimental Third Wave poets I had been translating—protean wits like Dmitri Aleksandrovich Prigov. Gleb's writing seemed to require a different form of attention, navigating more traditional literary references and metrical patterns. However, after living with Gleb's writing for the better part of a year, I began to note distinct similarities between Gleb and members of the Third Wave, in terms of the depth of their observations, coupled with an encyclopedic knowledge and understanding of both the canon and contemporary colleagues. Issues of form and style that initially appeared problematic eventually gave way to slant rhymes and patterns roughly symmetrical in English with how I had come to understand Gleb's writing.

Our formal introduction took place at the 2000 London Book Fair. Gleb had flown in to report on the event, and to continue an interview with the poet and translator Daniel Weissbort, which was linked to a larger project concerned with Joseph Brodsky as author and translator. Over the past decade I've now completed two collections of Gleb's poetry, with the first of these, *A Fireproof Box*, also finding the light of day through Canarium in 2012.

It took a relatively long time to assemble the first book of translations for two quite practical reasons: 1) there were significant sections of Gleb's first book in Russian, *Flick*, that I just could not move effectively into English—based, in part, on the multiple layers of cultural references. So, I translated just over half of his first book between 2001 and 2003, and then worked on new poems over the next six years as Gleb finished writing them in between working on his novels; 2) I was not initially convinced that I could pull off an entire book, considering how Gleb's poetry diverged from what I had translated previously and, related to that, feeling like I would need several years just to read who Gleb was reading and responding to in order to find a voice for him in English translation. On top of this, many of his briefer, denser poems were reminiscent of my own writing from the late '90s, which provided an additional stricture of finding a voice for Gleb in English translation that was not my own. Understanding familiarity and distance. Taking all of this into consideration, the book in your hands contains a small group of poems that appeared, in earlier versions, in *A Fireproof Box*, all but five of the poems in Gleb's most recent poetry volume in Russian, *Letters to Yakub*, and a few recent uncollected poems that fit within the cycle.

My translation work with Gleb has not led so much to a negotiation between languages, but rather the development of a space that allows "symmetry" between the author and translator. On the double-page spread of an *en face* edition, time and the specific observer are constants, though each observer has a markedly different relationship to the dual texts. This translational symmetry lies at the core of Gleb's work, in that his poems are layered with multiple eras and cultural referents, all existing simultaneously. A standard reflective mode of translation, fixated on rhyme and syllable count, would have resulted in a disappointing monochromatic space with a tin ear. Having now finished work on this second collection, I am feeling more comfortable in our respective skins. Gleb's understanding of the world has gradually worked its way into my allusions, so that I no longer am simply reading poems as they arrive, but experiencing the stories behind the lines. This has been assisted greatly by our ongoing discussions of both poetic lines and the larger devolving world, and our similar interests in layers of heritage and memory, as with Gleb's response to my query on "clouds" in the poem "a cottage swaying":

An entire life can flash through a mind in one stanza—the "cloud" is meant to halt the scene (the reality), to provide an alternate form. Since historical Moscow, the city of my youth, was largely destroyed and rebuilt in Putin's decade, the "Moscow" in my mind is a distant past, an invisible city of memory. This is a lullaby for that dream of a city, which I miss desperately. We're all depressed by the sham of a Pussy Riot trial. Getting really dull in Russia. —Gleb

* * *

Many thanks are due to Canarium Books for continuing to realize a space for literature in translation and to Daniel Weissbort, both for making the initial connection and for leading me through the MFA program at Iowa to a "career" in translation. Recognition is also due to journals which published earlier versions of these poems: *Ars Interpres, Asymptote, Cerise Press, Island, Jacket, The Kenyon Review,* and *The Poker*. Finally, I would like to thank Russia's Federal Agency on Press and Mass Communications, which made the publication of this book possible.

Gleb Shulpyakov is a poet, prose writer, and essayist. He was born and lives in Moscow, and graduated with a degree in journalism from Moscow State University. Shulpyakov is a translator of Ted Hughes, Robert Hass, and W. H. Auden's poetry into Russian. His travel essays, *Persona Grappa* and *Uncle's Dream*, were published in Russia in 2002 and in 2005. He is also the author of the guide *Cognac*, and novels *The Book of Sinan* (2005), *Tsynami* (2008), *Fez* (2010), and the *Museum of Dante* (2013). His first full-length book of poetry, *Flick*, was published in Russia in 2001, the same year that he was awarded a Triumph Prize in Literature. Shulpyakov's most recent collections of poetry in Russian are *Acorn* (2007) and *Letters to Yakub* (2011).

Christopher Mattison graduated with an MFA in Literary Translation from the University of Iowa and has been working in publishing since the mid-'90s. His translations and original work have appeared in *6x6, Jacket, Kenyon Review, Make, The Poker, Modern Poetry in Translation, St. Petersburg Review, Two Lines*, and *Ars Interpres*. Mattison's books of translation include Dmitri Aleksandrovich Prigov's *50 Drops of Blood in an Absorbent Medium* (Ugly Duckling Presse) and a previous collection of Shulpyakov's poetry—*A Fireproof Box* (Canarium Books)—which was a finalist for the 2012 Best Translated Book of the Year Award.